FRAG MICH WAS

Hunde

Von Margot Hellmiß und Falk Scheithauer

Illustriert von Andreas Piel

Bibliografische Information Der Deutschen Bibliothek
Die Deutsche Bibliothek verzeichnet diese Publikation
in der Deutschen Nationalbibliografie;
detaillierte bibliografische Daten sind im Internet
über *http://dnb.ddb.de* abrufbar.

*Der Umwelt zuliebe ist dieses Buch
auf chlorfrei gebleichtem Papier gedruckt.*

ISBN 3-7855-5375-7 – 1. Aufl. 2005
© 2000, 2005 Loewe Verlag GmbH, Bindlach
Umschlagillustration: Andreas Piel
Vignetten: Andreas Piel
Umschlaggestaltung: Andreas Henze
Layout und Satz: Sandra Lautner
Gesamtherstellung: L.E.G.O. S.p.A., Viconza
Printed in Italy

www.loewe-verlag.de

Inhalt

Von welchen Tieren stammen Hunde ab? . . 8

Wie kam der Mensch zum Hund? 10

Wie ist der Körperbau eines Hundes? 12

Warum beschnüffeln Hunde alles? 14

Warum heulen Hunde? 16

Worin unterscheiden sich
  die Hunderassen? 18

Wie teilt man die Hunderassen ein? 20

Welche kleineren Hunderassen gibt es? . . . 22

Welches sind die großen Hunderassen? . . . 24

Was sind Gebrauchshunde? 26

Woher hat der Bernhardiner
  seinen Namen? 28

Wie erreichte Roald Amundsen
  den Südpol? 30

Was sind Windhunde? 32

Wie kommen junge Hunde zur Welt? 34

Was braucht ein Haushund? 36

Braucht jeder Hund eine Ausbildung? 38

Welche Hunde wurden berühmt? 40

Prüfe dein Wissen! 42

Register 44

Von welchen Tieren stammen Hunde ab?

Alle Hunde stammen von den Wölfen ab. Wölfe sind frei lebende Raubtiere, die den Menschen meiden. Sie leben und jagen in Rudeln von fünf bis acht Tieren. Jedes Rudel verteidigt sein Revier gegen Eindringlinge. Wo wenig Nahrung zu finden ist, beansprucht ein Wolfsrudel ein sehr großes Revier, das bis zu 100 Kilometer lang und 100 Kilometer breit sein kann.

Der Leitwolf führt das Rudel an.

Rangordnung

Der Anführer eines Wolfsrudels ist der Leitwolf. Man nennt ihn auch Alphatier nach dem Anfangsbuchstaben im griechischen Alphabet. Dem Leitwolf gehorchen alle anderen Rudelmitglieder. In der Rangordnung folgt danach immer das stärkste Weibchen im Rudel.

● Vor langer Zeit gab es noch viele Wölfe. Manchmal rissen sie Schafe oder kamen bis an einsame Bauernhöfe heran. Deshalb ist in alten Märchen ab und zu die Rede vom bösen Wolf. Heute leben nur noch wenige Wölfe. Sie jagen Rentiere, Elche oder Moschusochsen. Oft fressen sie aber auch Mäuse oder Lemminge.

Ein Wolf hat eine Maus erbeutet.

Was sind Hetzräuber?

Viele Hunde sind hervorragende Läufer. Windhunde wie der Greyhound schaffen über 60 Kilometer pro Stunde. Die Ausdauer haben Hunde von den Wölfen geerbt. Wölfe sind Hetzräuber. Sie lauern einem großen Beutetier nicht auf und schleichen sich auch nicht an. Sie hetzen es im Rudel so lange, bis es ermüdet. Das kann bei einem kräftigen Wapiti-Hirsch Tage dauern.

Wie kam der Mensch zum Hund?

Hunde gibt es seit etwa 10 000 Jahren. Damals, in der so genannten Steinzeit, fertigten die Menschen Messer, Äxte und Speerspitzen aus Stein. Und wahrscheinlich zähmten sie junge Wölfe. Die Wölfe blieben bei ihnen und passten sich den Menschen an. Auch ihr Aussehen veränderte sich mit der Zeit.

Aus wilden Wölfen wurden allmählich zahme Haushunde. Man sagt dazu, die Wölfe wurden domestiziert.

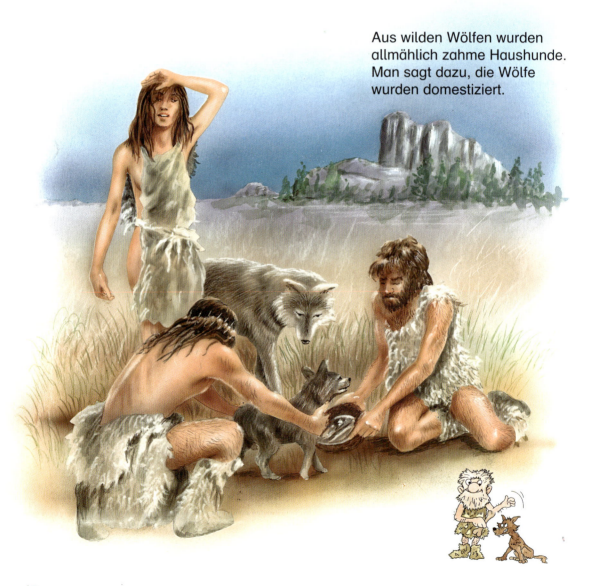

● Hunde haben viele Verhaltensweisen von den Wölfen geerbt. In jedem Wolfsrudel herrscht eine strenge Rangordnung. Anführer ist der Leitwolf. Für einen Hund ist sein Herrchen der Rudelführer. Deshalb folgt ein gut erzogener Hund aufs Wort. Mit Belohnungen wie Lob, Kraulen oder einem Leckerchen lassen sich viele Tiere gut erziehen.

Mit der Demutshaltung zeigt der schwächere Hund, dass er sich unterordnet.

Ein Hund gehorcht seinem „Frauchen".

Demutshaltung

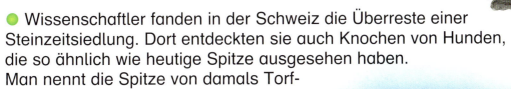

● Wissenschaftler fanden in der Schweiz die Überreste einer Steinzeitsiedlung. Dort entdeckten sie auch Knochen von Hunden, die so ähnlich wie heutige Spitze ausgesehen haben. Man nennt die Spitze von damals Torfspitze, weil die Siedlung vermutlich auf sumpfigem Torfboden errichtet worden war.

Spitze lebten schon vor Jahrtausenden bei den Menschen.

11

Wie ist der Körperbau eines Hundes?

Es gibt Hunde in vielen Größen und Formen. Doch in einigem sind sich alle Hunde gleich. Sie haben ein Fleischfressergebiss mit vier kräftigen Fangzähnen. Ihre Pfoten bestehen vorne aus vier und hinten aus vier bis fünf Zehen mit Krallen. Im Unterschied zu Katzen können Hunde die Krallen nicht einziehen und ihre Pfoten und Beine auch nicht drehen. Deshalb sind Hunde schlechte Kletterer.

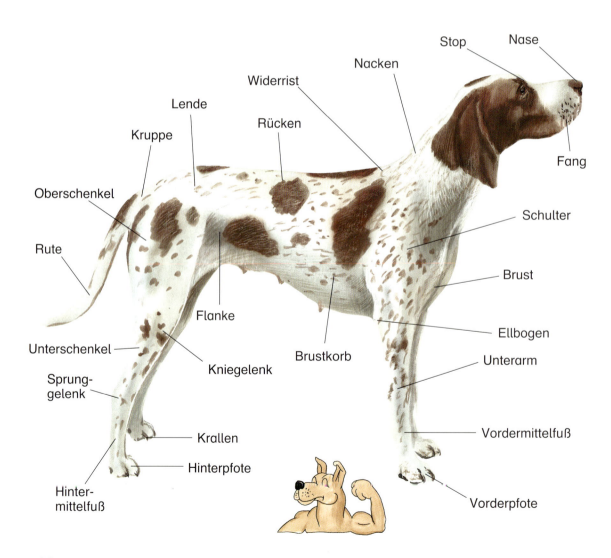

● Den Schwanz des Hundes nennt man Rute. Im Lauf der Zeit haben sich viele verschiedene Rutenformen herausgebildet. Die meisten Formen sind angezüchtet. Hunde mit einer abgeschnittenen Rute wurden kupiert. Früher hat man bei wenige Tage alten Welpen häufig die Ruten kupiert. So sollten die Hunde später vor Verletzungen bewahrt werden. Heute ist das Kupieren nur noch bei Jagdhunden erlaubt.

Säbelrute
in mittlerer Höhe ansetzend

Hoch ansetzende Rute
aufgerichtet getragen (angeboren oder kupiert)

Ringelrute
hoch ansetzend und geringelt

Hoch ansetzende Rute
entlang dem Rücken zurückgelegt

● Es hängt von der Rasse ab, wie alt Hunde werden. Boxer können 10 Jahre alt werden, Pekinesen 15 Jahre und Setter erreichen bei guter Pflege sogar 20 Jahre. Alte Hunde kann man an verschiedenen Merkmalen erkennen. Manche Hunde neigen zum Dickwerden. Andere bekommen getrübte Augenlinsen oder ein schlechtes Gebiss. Und viele alte Hunde haben einen durchhängenden Rücken.

Bassethound
Alter Bassethound mit durchhängendem Rücken

13

Warum beschnüffeln Hunde alles?

Hunde können sehr viel besser riechen als Menschen, denn ihr Geruchssinn ist sehr viel stärker ausgeprägt. Am Geruch erkennen Hunde einen Menschen, ein Haus oder einen Nachbarshund. Hunde verständigen sich untereinander auch mit Duftmarken. Wenn sie den Urin eines anderen Hundes riechen, erfahren sie, ob der andere ein Männchen oder Weibchen ist, wie alt er ist, ob er Hunger hat, ob er krank ist und vieles mehr.

Durch gegenseitiges Beschnüffeln erhalten Hunde zahlreiche Informationen.

Die Nasen der Hunde sind hoch empfindlich.

Warum haben Hunde feuchte Nasen?

Gerüche werden durch unsichtbare Teilchen übertragen. Diese Teilchen heißen Geruchspartikel. Sie schweben durch die Luft und verfangen sich in der Nase. Da die Nase des Hundes feucht ist, bleiben die Geruchspartikel leichter daran hängen.

Querschnitt durch die Nase eines Hundes

Das Riechzentrum besteht aus gefalteten Schleimhäuten.

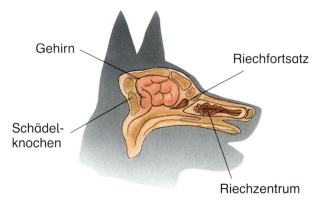

Gehirn

Riechfortsatz

Schädelknochen

Riechzentrum

● Die Pfeiftöne aus einer Hundepfeife sind so hoch, dass wir Menschen sie nicht hören können. Deshalb werden Hundepfeifen auch stumme Pfeifen genannt. Das Gehör eines Hundes ist aber viel besser als das Gehör eines Menschen. Hunde vernehmen die hohen Pfeiftöne sehr deutlich. Zudem können Hunde sechs- bis achtmal weiter hören als Menschen. Die hohen Töne aus der Hundepfeife reichen viel weiter als tiefe Töne. So kann man mit einer Hundepfeife auch Hunden in größerer Entfernung noch Signale geben.

Welsh-Terrier

Knopf- oder Kippohren

Boxer · Französische Bulldogge · Golden Retriever · Collie

Stehohren · **Fledermausohren** · **Hängeohren** · **Überfallohren**

Hundepfeife

Querschnitt durch das Auge eines Hundes

In der Dämmerung kann ein Hund sehr viel besser sehen als ein Mensch.

● Im Inneren des Auges befindet sich die Netzhaut. Trifft ein Lichtstrahl auf diese Netzhaut, dann sieht man etwas. Das ist bei Menschen und Hunden gleich. Auf der Netzhaut sind winzige Stäbchen und Zäpfchen. Mit den Stäbchen kann man hell und dunkel unterscheiden. Mit den Zäpfchen nimmt man Farben wahr. Auf der Netzhaut des Hundes sind viele Stäbchen, aber nur sehr wenige Zäpfchen zu finden. Deshalb sehen Hunde Farben nur sehr schlecht.

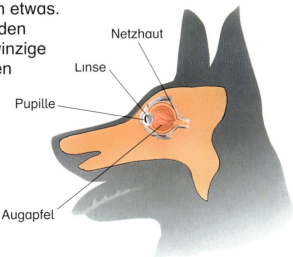

Netzhaut · Linse · Pupille · Augapfel

Warum heulen Hunde?

Wenn Hunde heulen, suchen sie Kontakt. Sie wollen anderen Hunden oder ihrem Herrn dadurch mitteilen, wo sie sind. Wenn die Wölfe in der Wildnis ein lang gezogenes Heulen ertönen lassen, halten sie über weite Strecken Verbindung zueinander. Außerdem zeigt das Heulen fremden Wolfsrudeln an, welche Gebiete schon besetzt sind. Hunde können noch viele andere Laute erzeugen. Bellen kann eine Warnung oder eine Begrüßung sein. Knurren deutet an, dass der Hund angreifen will.

Manchmal heulen Hunde wie die Wölfe.

Drohgebärde
Wenn ein Hund so böse knurrt, dann ist Vorsicht geboten.

● Mit der Rute drückt der Hund seine Stimmung aus. Jeder weiß: Freut sich der Hund, dann wedelt er mit dem Schwanz. Hundekenner wissen auch: Manchmal wedelt der Hund mit ausgestreckter Rute, wenn er unsicher ist. Und mit eingezogenem Schwanz wedelt er, wenn er unterwürfig ist. Geht die Rute zwischen die Hinterbeine, dann hat der Hund Angst. Zeigt die Rute nach oben, will der Hund beeindrucken, man sagt imponieren.

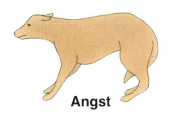

Angst

Erregung · Spielaufforderung · Unterwerfung

● Was zeigt der Gesichtsausdruck des Hundes?

Aufmerksamkeit
Dieser Hund ist aufmerksam.

aufgestellte Ohren

angelegte Ohren

Beunruhigung
Dieser Hund weiß nicht, wie er sich verhalten soll.

angelegte Ohren

hochgezogene Lefzen

Ohren nach vorn

Drohung
Dieser Hund zeigt, dass er zu einem Angriff bereit ist.

Wut
Dieser Hund geht zum Angriff über.

geöffnetes Maul

17

Worin unterscheiden sich die Hunderassen?

Es gibt ungefähr 400 verschiedene Hunderassen. Zu welcher Rasse ein Hund gehört, erkennt man an seiner Größe, am Fell, an der Form der Augen, der Ohren und des Kopfes. Auch der Charakter der Hunde ist von Rasse zu Rasse verschieden. Die Hundezüchter sorgen dafür, dass sich immer nur Hunde derselben Rasse miteinander paaren. So werden die jungen Hunde später genauso wie ihre Hundeeltern. Man nennt sie dann reinrassige Hunde oder Rassehunde.

Die Namen aller Vorfahren von reinrassigen Hunden werden in Ahnentafeln eingetragen.

Airedaleterrier

Löwchen
(Petit Chien Lion)

Dackel

Collie

● Mischlinge sind Hunde, deren Hundeeltern verschiedenen Rassen angehören. Sind auch die Hundeeltern schon Mischlinge, dann weiß man bei den Jungen nicht mehr, welche Rassen in ihnen vereint sind. Mischlinge sind genauso intelligent wie reinrassige Hunde. Sie gelten sogar als besonders treu und anhänglich.

Mischling aus Berner Sennenhund und Schäferhund

In Mischlingshunden sind oft viele Rassen vereint.

Mischling aus Hovawart und Irish Setter

● Die Hundezüchter veranstalten mehrmals im Jahr Hundeausstellungen. Dort kann man Rassehunde von Richtern beurteilen lassen. Die Richter bewerten Aussehen, Körperbau, Körperhaltung und das Wesen eines jeden Hundes. Sie vergleichen sie mit den Richtlinien, die für jede Rasse festgelegt sind.
Solche Richtlinien nennt man Standards.
Die schönsten Hunde einer Rasse erhalten Preise.

Ein siegreicher Rassehund

Die Größe eines reinrassigen Hundes wird auf den Zentimeter genau ermittelt.

Golden Retriever

Auszeichnungen

Siegerpokal

Wie teilt man die Hunderassen ein?

Es gibt Hunderassen, die sich ähnlich sind. So gleicht zum Beispiel die Rasse Deutscher Schäferhund der Rasse Groenendael aus Belgien. Beide rechnet man zur Gruppe der Schäferhunde. In so einer Gruppe sind immer ähnliche Rassen zusammengefasst. Das betrifft auch die Fähigkeiten der Hunde. Manche sind beispielsweise für die Jagd geeignet, andere sind eher Schoßhündchen. Insgesamt kann man elf große Gruppen von Rassen unterscheiden.

Die Hunde auf dieser Seite gehören alle zur großen Gruppe der Schäferhunde.

Tervueren
Belgischer Schäferhund mit langhaarigem rotbraunem oder grauem Fell und schwarzen Haarspitzen

Malinois
Belgischer Schäferhund mit kurzhaarigem rotbraunem Fell

Groenendael
Belgischer Schäferhund mit langhaarigem schwarzem Fell

Deutscher Schäferhund
Schwarzes Fell mit brauner, gelber oder grauer Färbung

Rassengruppen
- Spitze und Nordlandhunde
- Pinscher und Schnauzer
- Doggen und Doggenartige
- Windhunde
- Hirten-, Hüte- und Treibhunde
- Schäferhunde
- Jagdhunde
- Dachs- und Laufhunde
- Terrier
- Pudel
- Schoß- und Zwerghunde

● Die bekanntesten Schoß- und Zwerghunde sind Pekinese, Malteser, Papillon, Rehpinscher und Chihuahua. Ihre Schulterhöhe beträgt höchstens 30 Zentimeter. Das Gewicht liegt zwischen 500 Gramm und acht Kilogramm.

Die großen Ohren der **Papillons** (Schmetterlingshündchen) erinnern an die Flügel von Schmetterlingen. Man kann sie gut in der Wohnung halten, da sie nicht bei jedem Geräusch bellen.

Der **Chihuahua** (gesprochen: „Schiwawa") ist nach einem mexikanischen Ort benannt. Obwohl er nur zwischen 500 Gramm und 2,5 Kilogramm wiegt, ist er ein unerschrockener, tapferer Hund.

Die **Pekinesen** sind nach Peking, der Hauptstadt Chinas, benannt. Dort wurden sie im Kaiserpalast gehalten. Man züchtete sie so klein, dass sie im Ärmel eines Kimonos Platz fanden.

Das auffälligste Merkmal des **Yorkshireterriers** ist das seitlich gleichmäßig herabhängende Haar. Der Yorkshireterrier ist ein lebhafter und liebenswürdiger Hund, der furchtlos und tapfer ist.

Zwerg- oder Rehpinscher sind intelligent und eignen sich gut als Wächter. Allerdings werden die Nachbarn oft durch ihr schrilles Bellen gestört.

Der **King-Charles-Spaniel** ist ein leicht erziehbarer Hund von sehr zutraulichem Wesen. Er ist kinderlieb und mag lange Spaziergänge. Seine Schulterhöhe beträgt etwa 30 Zentimeter, und er wird etwa 4,5 bis 8 Kilogramm schwer.

Welche kleineren Hunderassen gibt es?

Zu den kleinen Hunden werden Dackel, Zwergschnauzer oder Zwergpudel gerechnet. Die Schulterhöhe von Kleinhunden beträgt etwa 20 bis 35 Zentimeter. Sie wiegen zwischen 5 und 18 Kilogramm. Mittelgroße Hunderassen sind Standardpinscher, Chow-Chow, Mittelpudel, Cockerspaniel oder Beagle. Die Schulterhöhe mittelgroßer Hunderassen liegt zwischen 35 und 60 Zentimetern, und sie wiegen zwischen 10 und 25 Kilogramm.

Rauhaardackel
Rauhaardackel eignen sich gut für die Jagd, weil sie robust und furchtlos sind.

Dackel, auch Teckel oder Dachshund genannt, sind die beliebtesten Kurzbeiner. Dackel sind kluge Haus- und Familienhunde, die aber durchaus ihren eigenen Kopf haben. Außerdem sind sie leidenschaftliche Jäger, die bei der Fuchs- und Dachsjagd eingesetzt werden.

Pudel sind sehr gelehrig und äußerst beweglich. Es gibt große und kleine Pudel, Zwerg- und Toypudel. Das englische Wort Toy bedeutet Spielzeug. Das Haarkleid des Pudels wird beim Hundefriseur regelmäßig geschoren.

Zwergschnauzer verdanken ihren Namen dem buschigen Schnauzbart, den sie tragen. Sie sind gelehrig und folgsam, greifen auch mutig an, wenn sie sich oder ihren Herrn bedroht fühlen.

Der **Mops** ist ein intelligenter und unkomplizierter Hund. Er besitzt eine robuste Natur, benötigt wenig Auslauf und ist meist fröhlich.

Beagles sind wegen ihres gutmütigen Wesens ideale Familienhunde. Doch auch die Jäger schätzen Beagles, weil diese Hunde richtige Laufhunde sind. Sie werden gerne mit auf die Hasenjagd genommen.

Chow-Chows gehören zu den Spitzen. Sie stammen aus China. Ihr Name heißt auf Deutsch so viel wie „fein-fein". Denn früher hat man in China das Fleisch dieser Hunde gegessen. Charakteristisch für Chow-Chows ist die blaue Zunge.

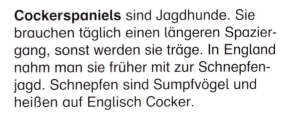

Cockerspaniels sind Jagdhunde. Sie brauchen täglich einen längeren Spaziergang, sonst werden sie träge. In England nahm man sie früher mit zur Schnepfenjagd. Schnepfen sind Sumpfvögel und heißen auf Englisch Cocker.

Welches sind die großen Hunderassen?

Zu den großen Hunderassen gehört ein Hund, wenn die Schulterhöhe des ausgewachsenen Tieres 70 Zentimeter und mehr misst. Das Gewicht großer Hunde liegt normalerweise zwischen 25 und 65 Kilogramm. Ein Bernhardinermännchen bringt 75 Kilogramm auf die Waage, eine Deutsche Dogge sogar bis zu 85 Kilogramm. Das ist das Gewicht eines erwachsenen Mannes!

Die **Deutsche Dogge** ist ein wahrer Hunderiese. Trotzdem besitzt sie einen ausgesprochen freundlichen Charakter, und sie ist ein guter Familienhund. Natürlich benötigt sie sehr viel Platz.

Neufundländer sind schon wegen ihrer Größe keine Stadt- und Wohnungshunde. Sie fühlen sich auf dem Land am wohlsten. Neufundländer sollten sich viel im Freien aufhalten, sonst haaren sie sehr. Die Hunde sind wachsam und gehorsam, baden und schwimmen gerne. Für ihre Fellpflege braucht man viel Zeit.

Der **Labradorretriever** ist ein freundlicher, sehr kinderlieber Familienhund, der sich auch mit anderen Haustieren verträgt.

Collies stammen aus Schottland und gehören zu den Schäferhunden. Sie hüten heute aber nur noch selten Schafe. Vielmehr sind es beliebte Familienhunde geworden. Collies sind intelligent, wachsam und kinderfreundlich. Die Fellpflege erfordert aber viel Zeit.

Deutsche Boxer sind freundliche Familienhunde, die auch Kinder gerne mögen. Sie sind temperamentvoll, wachsam und gelehrig. Boxer können Rheuma bekommen, wenn man sie nach Spaziergängen im Regen nicht abtrocknet.

Dalmatiner passen in Familien mit Kindern, die gerne wandern.

Berner Sennenhunde gehören zur Gruppe der Treibhunde. Früher hatten sie die Aufgabe, die Rinder einer Herde beisammenzuhalten. Auch jagten sie Viehdiebe in die Flucht. Heute bewachen die Berner Sennenhunde meistens Haus und Hof. Ihren Familien sind sie treu ergeben.

Dalmatiner sind sehr gelehrige Hunde. Man konnte sie früher häufig im Zirkus bewundern, wo sie Kunststücke vorführten. Sie gehören zur Gruppe der Laufhunde.

Was sind Gebrauchshunde?

Haushunde sind meistens richtige Familienmitglieder. Sie leisten den Menschen Gesellschaft und sind geduldige Spielkameraden für die Kinder. Es gibt aber auch Hunde, die so etwas wie einen Beruf erlernt haben. Es gibt Wachhunde, Diensthunde, Lawinenhunde, Hütehunde, Jagdhunde, Spürhunde oder Blindenführhunde. Viele dieser Hunde erfüllen tagtäglich wichtige Aufgaben. Man nennt sie Gebrauchshunde.

Diese Hunderassen eignen sich für eine Ausbildung zum Wachhund oder Diensthund:

Rottweiler

Airedaleterrier

Deutsche Dogge

Lawinenhund im Einsatz

Dobermann

Deutscher Boxer

Deutscher Schäferhund

26

● Diensthunde kommen besonders bei der Polizei, bei der Feuerwehr oder beim Zoll zum Einsatz. Sie werden von erfahrenen Hundetrainern erzogen. Man nennt diese Erziehung Gebrauchshundeausbildung. Die Hunde lernen, unbedingten Gehorsam zu leisten. So müssen sie beispielsweise in Mutproben Dinge tun, die sie von Natur aus eigentlich nicht tun würden, zum Beispiel über schmale Bretter balancieren oder in einen stockfinsteren Raum springen.

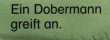

Schutzärmel

Wenn der Hundetrainer bei der „Ausbildung am Mann" einen Einbrecher spielt, trägt er einen Schutzärmel.

Ein Dobermann greift an.

Hundetrainer

Ein Drogenspürhund in Aktion

Ein Schäferhund bei der Polizeiausbildung

Ausgebildete Diensthunde können schwierige Hindernisse überwinden. Einige Hunde lernen auch, spezielle Aufgaben zu bewältigen, zum Beispiel Drogen oder Sprengstoff aufzuspüren.

Woher hat der Bernhardiner seinen Namen?

Mitten in den Alpen liegt eine Berghütte, die zu einem Kloster gehört. Sie heißt „Herberge zum heiligen Bernhard". Schon vor Jahrhunderten züchteten Mönche dort große, kräftige Hunde. Sie nannten sie Bernhardiner nach ihrem Schutzheiligen. Die Hunde dienten ihnen als Bergführer oder als Retter in der Not. Denn in den Alpen gehen im Winter immer wieder Schneelawinen zu Tal, die Wege und manchmal auch Menschen verschütten. Die Bernhardiner konnten schon viele Wanderer und Skifahrer aufspüren und retten.

Bernhardiner sind erprobte Lawinenhunde.

Rumfass

● Blindenführhunde ersetzen blinden Menschen die Augen. Sie leben Tag und Nacht bei Menschen, die schlecht oder gar nicht sehen können. Sie führen sie sicher durch den Straßenverkehr und machen sie auf jede Gefahr aufmerksam. Neben dem Deutschen Schäferhund sind Golden Retriever, Labrador und Rottweiler für diese anspruchsvolle Aufgabe geeignet.

Eine solche Binde tragen Blinde, um zu signalisieren, dass sie nicht sehen können.

An diesem Geschirr führt der Hund den Blinden.

Ein als Blindenführhund ausgebildeter Deutscher Schäferhund führt sein blindes Herrchen sicher über die Straße.

Deutscher Schäferhund

● Seit jeher machen sich die Menschen den natürlichen Jagdtrieb der Hunde zu Nutze. Die Vierbeiner stöbern für die Jäger das Wild auf oder holen erlegte Tiere aus unwegsamem Gelände heraus. Damit die Hunde die Beutetiere nicht selbst fressen, brauchen sie eine besondere Ausbildung. Man unterscheidet verschiedene Arten von Jagdhunden: Es gibt Schweißhunde, Vorstehhunde, Laufhunde, Apportierhunde und andere.

Jagdgewehr

Braque d'Auvergne
Ein französischer Vorstehhund hat Enten aufgestöbert und verharrt reglos, bis der Jäger herangekommen ist.

Wie erreichte Roald Amundsen den Südpol?

Im Jahr 1911 setzte Roald Amundsen als erster Mensch seinen Fuß auf den Südpol. Der Südpol liegt inmitten einer Schnee- und Eiswüste, die doppelt so groß wie Europa ist. Dort herrschen die niedrigsten Temperaturen, die je auf Erden gemessen wurden, bis minus 88° Celsius. 52 Schlittenhunde haben Amundsen zum Südpol gebracht. Ohne die treuen Begleiter hätte der Forscher sein Ziel wohl nie erreicht. Selbst in größter Kälte taten die Hunde tagein, tagaus brav ihren Dienst.

Etwa acht bis zehn Hunde sind nötig, um einen voll bepackten Lastschlitten zügig voranzubringen.

Leithund

● Obwohl sich alle Schlittenhunde sehr ähneln, unterscheidet man fünf einzelne Rassen: Sibirische Huskys, Alaskan Malamutes, Grönlandhunde, Eskimohunde und Samojeden. Sie haben alle ein buschiges Fell mit viel Unterwolle. Das schützt sie vor der Kälte, die in Sibirien, in Alaska oder auf Grönland herrscht. Dort werden die Schlittenhunde seit jeher als Zugtiere genutzt. Die Alaskan Malamutes sind die stärksten Schlittenhunde. Sie eignen sich auch für Traglasten. Huskys werden bei uns auch als Haushunde gehalten.

Sibirischer Husky

- mandelförmige Augen
- stark behaarte, fuchsartige Rute
- spitze Schnauze
- doppeltes, weiches Deckhaar

Samojeden ziehen heute nur noch selten einen Schlitten. Mit ihrem schönen weißen Fell dienen sie Züchtern vor allem als Ausstellungshunde.

Wie leben Schlittenhunde?

Die Schlittenhunde folgen immer ihrem Leittier. Deshalb lassen sie sich gut zu Gespannen zusammenstellen. Das Leittier ist das erfahrenste und kräftigste Tier im Gespann. Das Schlittenziehen ist für die Hunde keine Quälerei. Im Gegenteil: Sie scheinen ihren Spaß daran zu haben und würden krank werden, wenn sie keinen Auslauf hätten. Im Sommer werden in Alaska oder in Sibirien weniger Schlittenhunde gebraucht. Manche Hundehalter lassen sie dann frei. Im Herbst kommen sie freiwillig wieder zurück. Obwohl es heutzutage Motorschlitten gibt, fahren viele Menschen im hohen Norden immer noch lieber mit ihren Hundegespannen.

Grönlandhund

- lange Rute, über dem Rücken gerollt
- keilförmiger Kopf
- dicht anliegendes langes Fell
- breite, tiefe Brust

Was sind Windhunde?

Windhunde heißen so, weil sie fast so schnell wie der Wind sind. Keine anderen Hunde können so schnell laufen. Deshalb lässt man sie bei Hunderennen gegeneinander antreten. Bei solchen Wettkämpfen kommen nur die schnellsten Windhundrassen zum Einsatz. Sie heißen Greyhound, Whippet und Afghane. Es gibt auch einige Windhundrassen, die sich nicht für Rennen eignen. Das sind der Irische Wolfshund, das Windspiel oder der Saluki.

Das **Windspiel** hat einen tänzelnden Gang.

Der **Whippet** ist ein kleiner englischer Windhund. Er wiegt ausgewachsen nur 9 Kilogramm und ist 50 Stundenkilometer schnell.

Wie alle Windhunde läuft auch der **Saluki** gern neben dem Fahrrad her.

Der **Greyhound** ist der größte und schnellste Windhund. Er erreicht eine Geschwindigkeit von 60 Stundenkilometern.

Der **Irische Wolfshund** rauft lieber mit anderen Hunden, als dass er mit ihnen um die Wette läuft. Er kann eine Schulterhöhe von bis zu 85 Zentimetern haben.

Der **Afghane** ist ein stolzer und intelligenter Hund. Sein langes Fell muss täglich gebürstet werden.

32

● Bei einem Rennen treten immer nur die Hunde einer Rasse und eines Geschlechts gegeneinander an. Am Anfang stehen die Windhunde in Startboxen. Dann werden die Klappen der Boxen schnell hochgezogen, und das Rennen beginnt. Es geht über 400 bis 500 Meter. Die Hunde hetzen hinter einem Stofftier her, das von einer Maschine gezogen wird.

Hunderennen
Ein siegreicher Hund bringt seinem Besitzer viel Geld ein.

● Von Natur aus sind Windhunde Jäger der Steppe. Sie müssen sehr schnell sein, um Beutetiere zu erwischen. Dabei helfen ihnen ihre langen Beine und eine besondere Lauftechnik. Bei hoher Geschwindigkeit werfen sie ihre Hinterläufe weit nach vorne. Die Abdrücke ihrer hinteren Pfoten finden sich dann vor den Abdrücken der Vorderpfoten am Boden.

Hinterlauf

Spur des Hasen

Vorderlauf

Bei hoher Geschwindigkeit bewegen Windhunde ihre Hinterbeine in der gleichen Weise wie die Hasen.

Hase

Windhund

Bei allen anderen Hunderassen berühren die hinteren Pfoten immer hinter den Abdrücken der Vorderpfoten den Untergrund. Bei Windhunden ist es umgekehrt.

Wie kommen junge Hunde zur Welt?

Wenn die Milchdrüsen einer Hündin anschwellen, dann kommen bald ihre Jungen auf die Welt. Sie mag dann kein Futter mehr und sucht sich einen geschützten Platz. Eine warme, ausgepolsterte Kiste ist dafür ideal. Die Jungen werden nacheinander geboren. Meistens sind es vier bis sechs, manchmal auch mehr. Bei jedem beißt die Hündin zuerst die Nabelschnur durch. Dann leckt sie das Neugeborene, bis es zu atmen beginnt.

Obwohl die Welpen anfangs noch blind und taub sind, finden sie sogleich die Milchzitzen am Bauch der Hündin.

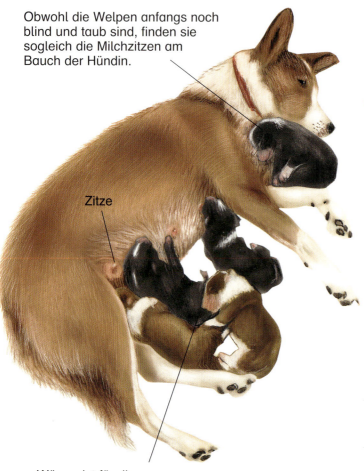

Zitze

Wärme ist für die neugeborenen Hunde sehr wichtig. Daher bleiben sie immer eng beisammen.

Welpentest

Kauft man sich einen jungen Hund im Alter von sieben bis acht Wochen, kann man ihn auf seine Eigenschaften hin testen.
• Man hält ihn eine halbe Minute lang mit beiden Händen hoch. Lässt er das ruhig mit sich geschehen, wird er ein gefügiger Hund werden. Ansonsten zappelt er oder versucht zu beißen.
• Man wirft ihm ein zusammengeknülltes Tuch hin. Bringt er es zurück, wird er später gerne etwas für sein Herrchen tun.

● Für die Welpen ist der dritte und vierte Lebensmonat eine wichtige Zeit des Lernens. An den Geschwistern lernen sie, ihre Kräfte zu messen. Sie raufen dann oft miteinander und balgen sich. Von ihren Hundeeltern lernen sie in der Zeit Gehorsam. Wenn sie nicht folgen, werden sie böse angeknurrt oder mit einem sanften Nackenbiss zur Ruhe gebracht. Auch bei ihrem Hundehalter müssen sie jetzt in die Schule gehen. Da lernen sie einfache Kommandos zu befolgen wie „Sitz!", „Aus!" oder „Platz!".

Welpenspiel
Was wie ein Spiel aussieht, sind wichtige Lernschritte.

Berner Sennenhund

Welpe

Auch ein sanfter Biss in die Nase lehrt Gehorsam.

● Im fünften und sechsten Lebensmonat erwacht bei den Hunden der Jagdtrieb. Sie wollen dann auf eigene Faust ihre Umgebung erkunden. Vom siebten bis neunten Lebensmonat an sind Hunde geschlechtsreif und können selbst Junge haben. Sie sind dann aber immer noch nicht ausgewachsen. Das ist bei kleinen Hunderassen erst im Alter von einem Jahr der Fall und bei großen Rassen mit zwei Jahren.

Bei seinen ersten Ausflügen muss man einen jungen Hund immer an der Leine führen.

Hundeleine

Mit Haushunden sollte man ab dem fünften Lebensmonat häufig Ausflüge machen und sie auf die Gefahren im Straßenverkehr vorbereiten.

Was braucht ein Haushund?

Wenn man sich einen Hund anschafft, gibt es viel zu bedenken. Er braucht jemanden, der sich täglich um ihn kümmert. Der Hund muss regelmäßig gefüttert und Gassi geführt werden. Er möchte einen Schlafplatz, an dem es nicht zieht. Und damit ihm nicht langweilig wird, sollte man ihm einige Spielsachen geben. Außerdem benötigt ein Hund viel Pflege und muss gelegentlich zum Tierarzt. Nicht zuletzt müssen für einen Hund Steuern bezahlt werden.

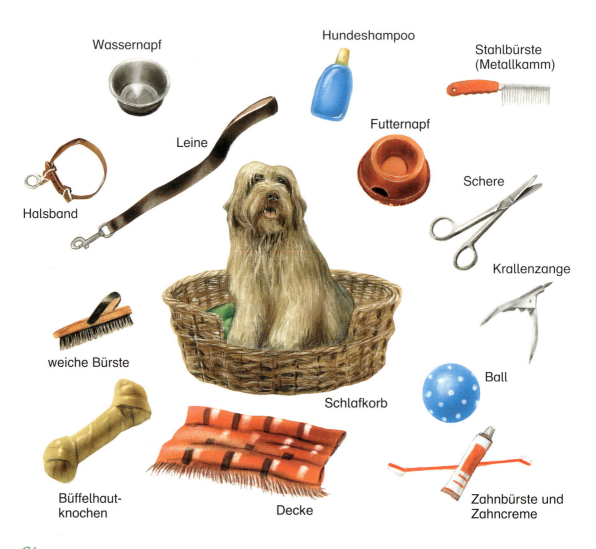

● Fertiges Hundefutter aus dem Supermarkt ist getestet und enthält alles, was ein Hund braucht. Als Leckerbissen gibt es für zwischendurch Hundebiskuit oder Hundekuchen. Wenn man Hundefutter selbst zusammenstellt, gilt Folgendes: Etwa die Hälfte des Futters sollte aus Fleisch bestehen, die andere Hälfte aus gekochtem Reis, Haferflocken oder Gemüse. Wichtig ist auch, dass der Hund immer frisches Wasser zur Verfügung hat. Ein großer Hund trinkt mindestens zwei Liter Wasser am Tag.

Man sollte Hunden keine Knochen von Hühnchen oder Kaninchen überlassen. Diese Knochen können splittern und Verletzungen hervorrufen.

Hunde kauen gerne auf Knochen herum.

● Kleine Hunde brauchen weniger Futter als große Hunde. Hunde mit drei Kilogramm Gewicht können mit 300 Gramm Futter am Tag auskommen. Hunde mit 15 Kilogramm Gewicht sollten täglich 1 000 Gramm Futter bekommen. Und Hunde mit 50 Kilogramm Gewicht benötigen 2 500 Gramm Futter am Tag. Diese Mengen gelten aber nur für ausgewachsene Hunde. Wenn Hunde vier oder fünf Monate alt sind, fressen sie sogar um die Hälfte mehr.

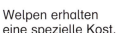

Beim Fressen dürfen Hunde nicht gestört werden. Nach der Mahlzeit brauchen sie Ruhe.

Welpen erhalten eine spezielle Kost.

Das Futter gibt es immer zur gleichen Zeit.

Braucht jeder Hund eine Ausbildung?

Hundeklubs bieten für Haushunde eine Grundausbildung an. Sie ist für jeden Hund empfehlenswert. Die Erziehung dient vor allem dem Wohl des Hundes. Unfolgsame Hunde sind im Straßenverkehr gefährdet und können auch großen Schaden anrichten. Im Wald streunende Hunde dürfen von Jägern erschossen werden. Und ein Hund, der nach dem Briefträger schnappt, kann sogar eingeschläfert werden. Nur ein folgsamer Hund ist zuverlässig.

Wichtige Kommandos

„Komm!"
Der frei laufende Hund soll umgehend zu seinem Herrn zurückkehren.

„Bleib!"
Der Hund soll zurückbleiben und nicht seinem Herrchen folgen.

Hunde-Erziehung

- Die Erziehung eines Hundes erfordert viel Geduld. Man bringt dem Hund etwas bei, indem man es andauernd wiederholt.
- Zunächst soll man viel mit dem Hund sprechen. Er wird bald auf seinen Namen hören.
- Der Hund erkennt am Tonfall, ob es sich um ein Kommando oder um ein Lob handelt. Kommandos und Tadel spricht man kurz und energisch aus, gelobt wird mit sanfter Stimme.
- Wird ein Kommando richtig ausgeführt, wird der Hund gelobt oder bekommt ein Futterhäppchen als Belohnung.

„Sitz!"
Der Hund soll sich setzen.

„Bei Fuß!"
Der Hund soll ruhig neben seinem Herrn gehen.

● Zunächst sollen junge Hunde am Halsband und an der Leine schnuppern. Dann legt man sie ihnen zu Hause öfter an. So gewöhnen sie sich spielerisch daran. Für die ersten Ausflüge in ruhigen Straßen und Grünanlagen ist eine lange Leine mit Aufrollautomatik zu empfehlen. Sie schnürt den Hals des Hundes nicht unnötig ein. Später genügt eine kurze Leine. Allmählich gewöhnt man den Hund auch an belebtere Straßen.

Erst muss der Hund mit Halsband und Leine vertraut gemacht werden.

Dann legt man ihm das Halsband kurz an, redet ihm gut zu und ermuntert ihn.

Leine mit Aufrollautomatik

● Wenn man annimmt, dass der Hund „muss", bringt man ihn schnell nach draußen. Man setzt ihn an einen Platz, wo er sein Geschäft verrichten soll. Es sollte immer die gleiche Stelle sein. Wenn alles erledigt ist, lobt man den Hund. Man führt den Hund dann mehrmals am Tag zu diesem Platz. Der Hund begreift bald, was er dort tun soll. Wenn der Hund selbst anzeigt, dass er hinausmöchte, ist er stubenrein.

Plastiktüten

Papierklosett

Welpen können ihr Geschäft zunächst auch auf einige Bögen Zeitungspapier machen, die man in der Wohnung in Türnähe legt. Bald versteht der Hund, dass er zur Tür gehen muss, um sein Geschäft zu erledigen. Dann beginnt man, mit ihm hinauszugehen.

Unterwegs

Mit einer kleinen Schaufel und Tüten kann man Hundehäufchen leicht entfernen.

Welche Hunde wurden berühmt?

Jeder Hund ist für seine Familie etwas ganz Besonderes. Es gibt aber auch Hunde, die weltberühmt geworden sind. Sie nehmen einen Platz in der Geschichte ein, kommen in Sagen und Märchen vor oder haben sich als Filmhunde einen Namen gemacht. Dazu gehören beispielsweise Lassie oder Kommissar Rex.

Kommissar Rex
Rex ist ein Deutscher Schäferhund.

Der Zerberus ist dreiköpfig und hat einen Schlangenschweif.

Zerberus
Der Höllenhund ist eine Gestalt aus der griechischen Sagenwelt. Sein Name war Zerberus (oder Kerberos). Er bewachte den Eingang zum Reich der Toten unter der Erde. Er ließ keinen, der die Unterwelt einmal betreten hatte, wieder heraus.

● Lassie ist ein besonders gescheiter Collie. Im Film rettet er seine Familie aus vielen gefährlichen Situationen. In der Fernsehserie „Kommissar Rex" löst der Schäferhund Rex verzwickte Kriminalfälle. Sowohl Lassie als auch Rex werden in diesen Filmen wie Menschen in Hundegestalt dargestellt. Sie können selbstständig denken und handeln. Doch das entspricht nicht ihrer Natur. In Wahrheit führen die Filmhunde nur andressierte Befehle aus. Für jede kleine Szene müssen sie tagelang üben.

Lassie
(Collie)

● Wie treu ein Hund sein kann, beschrieb die Dichterin Marie von Ebner-Eschenbach in der rührenden Erzählung Krambambuli. So hieß der Hund eines Landstreichers. Als der Landstreicher wieder einmal kein Geld hatte, musste er den Hund verkaufen. Jahre später kam der Landstreicher ums Leben, und Krambambuli war zufällig zur Stelle. Er wollte nicht mehr von der Seite seines Herrn weichen und blieb so lange bei ihm in der Nähe des Friedhofs, bis er selbst verhungerte.

Krambambuli
(Deutsch-Drahthaar)

Prüfe dein Wissen!

Zu den Bildern auf dieser Seite wird dir jeweils eine Frage gestellt. Wenn dir die Antwort nicht einfällt, dann suche im Buch einfach die abgebildete Illustration.

Wie heißt das Kommando?

Welche Ausbildung macht dieser Schäferhund?

Wie schwer wird der Chihuahua?

Wie heißt der erste Hund im Gespann?

Wie heißt diese Rutenform?

Wie heißt dieser Hund?

Was zeigt der Gesichtsausdruck dieses Collies?

Zu welcher Gruppe gehört der Dalmatiner?

Wen bewachte er früher?

Wie nennt man diese Ohrform?

Welche Strecke laufen die Windhunde?

Register

Afghane 32
Airedaleterrier 18, 26
Alaskan Malamute 31
Alphatier 8
Alter 13
Amundsen, Roald 30
Angst 17
Apportierhund 29
Aufmerksamkeit 17
Auge 15
Ausbildung 38
Ausstellung 19

Bassethound 13
Beagle 22, 23
bellen 16
Belohnung 11, 38
Berner Sennenhund 19, 25, 35
Bernhardiner 24, 28
Beunruhigung 17
Blindenführhund 26, 29
Braque d'Auvergne 29

Charakter 18, 24
Chihuahua 21
Chow-Chow 22, 23
Cockerspaniel 22, 23
Collie 15, 18, 25, 41

Dachshund 20, 22
Dackel 18, 22
Dalmatiner 25
Demutshaltung 11
Deutsch-Drahthaar 41
Deutsche Dogge 20, 24, 26
Deutscher Boxer 13, 15, 25, 26
Deutscher Schäferhund 19, 20, 25, 26, 27, 29, 40
Diensthund 26, 27
Dobermann 26, 27
Drohgebärde 16
Drohung 17
Duftmarke 14

Erziehung 38
Eskimohund 31

Französische Bulldogge 15
Fuchsjagd 22
Futter 37

Gebrauchshund 26
Gebrauchshundeausbildung 27
Geburt 34
Gehör 15

Gesichtsausdruck 17
Golden Retriever 15, 19, 29
Greyhound 9, 32
Groenendael 20
Grönlandhund 31

Halsband 36, 39
Hängeohr 15
Hasenjagd 23
Haushund 10, 36
Hetzräuber 9
heulen 16
Hund, erwachsener 35
Hund, stubenreiner 39
Hunde, berühmte 40, 41
Hunderennen 32, 33
Hundetest 34
Hundetrainer 27

Irischer Wolfshund 32
Irish Setter 19

Jagdhund 20, 23, 26, 29
Jagdtrieb 29, 35
Jäger 22, 29, 38

King-Charles-Spaniel 21
Knochen 37
knurren 16, 35
Kommando 35, 38
Kommissar Rex 40, 41
Körperbau 12
Krambambuli 41
kupieren 13

Labradorretriever 25
Lassie 40, 41
Laufhund 20, 22, 23, 25, 29
Lawinenhund 26, 28
Leine 35, 36, 39
Leithund 30, 31
Leitwolf 8, 11
Löwchen 18

Malinois 20
Malteser 21
Mischling 19
Mittelpudel 22
Mops 23
Mutprobe 27

Nase 12, 14
Netzhaut 15
Neufundländer 24

Ohr 15, 17, 18

Papillon 21
Pekinese 13, 21
Petit Chien Lion 18

Rangordnung 8, 11
Rasse 13, 18, 19, 20, 21, 22, 23, 24, 25, 26, 30, 31, 32, 33, 35
Rauhaardackel 22
Rehpinscher 21
Riechzentrum 14
Rottweiler 26, 29
Rute 12, 13, 17, 31

Saluki 32
Samojede 31
Schlittenhund 30, 31
Schmetterlingshündchen 21
schnüffeln 14
Schoßhund 20, 21
Schwanz 13, 17
Schweißhund 29
sehen 15
Sibirischer Husky 31
Spielaufforderung 17
Standard 19
Steinzeit 10, 11

Teckel 22
Tervueren 20
Torfspitz 11

Welpe 13, 34, 35, 37, 39
Whippet 32
Windhund 9, 20, 32, 33
Windspiel 32
Wolf 8, 9, 10, 11, 16
Wolfsrudel 8, 11, 16
Wut 17

Yorkshireterrier 21

Zerberus 40
Zitze 34
Zwerghund 20, 21
Zwergpinscher 21
Zwergpudel 22, 23
Zwergschnauzer 22, 23

FRAG MICH WAS!
Das wollen Kinder wissen!